«¿Quién diría que un viaje al parque de diversiones podría contarles a nuestros hijos el argumento de las Escrituras? Eso es lo que probablemente le suceda a tu familia gracias a este libro de Mike Nappa. Las montañas rusas y las atracciones emocionantes se convierten en señales que dirigen la atención de sus hijos hacia diferentes partes de la Biblia. Moisés ordenó a los israelitas en Deuteronomio 6 que hablaran de las palabras de Dios cuando estuvieran en casa y en el camino. Ahora resulta que también puedes hablar de ellos en el parque de atracciones».

Timothy Paul Jones

Vicepresidente de Estudios de Doctorado, Southern Baptist Theological Seminary

«*Bienvenidos al Mundo de la Biblia* es un juego divertido y atractivo que te lleva a través de la Biblia y mantiene a los niños pegados a todas y cada una de las páginas. Encantador»

Mikal Keefer

Autor de *Notes from Jesus*

«Sólo Mike Nappa podía imaginar la Biblia como un parque temático, ¡y los niños y las familias se alegrarán de que lo haya creado!»

Diane Stortz

Autora de I AM: 40 *Reasons to trust God*

«¡Qué libro tan inteligente, imaginativo y divertido! *Bienvenidos al Mundo de la Biblia* presenta a los niños las secciones principales de la Biblia, los temas de la gran historia de Dios, y los invita a entrar en esos libros y descubrirlos por ellos mismos».

Bob Hartman

Autor de *The Prisoners, the Earthquake, and the Midnight Song.*

«A los fans de *¿Dónde está Waldo?* Les encantará este libro sobre la Biblia, único e innovador. Presentar los 66 libros de la Biblia en un formato de parque temático parece una locura... pero en realidad es fantástico. Cómpralo»

Glenys Nellist,

Autora de las series *I Wonder: Exploring God's Grand Story and the Love Letters from God.*

«Búscalo, estúdialo, lúcelo, celébralo e muévete a través de este libro. ¡Ver el rico tapiz bíblico nunca ha sido tan asombroso!»

Ed Drew

Director de Faith in Kids, autor de Meals with Jesus, The Wonder of Easter, and The Adventure of Christmas.

«*Bienvenidos al Mundo de la Biblia* les permite a los niños explorar los libros de la Biblia como si fuera un parque de diversiones con 66 atracciones. Correrán desde *el muro de escalada de Nehemías hasta el Karaoke de Asaf.* Luego, desde *La aventura submarina de Jonás hasta La carrera hacia la libertad de Onésimo.* Con explicaciones breves, ilustraciones divertidas y muchos objetos bíblicos ocultos para localizar, *Bienvenidos al Mundo de la Biblia* de Mike Nappa es una alternativa divertida y diferente al tiempo invertido en la pantalla, que a los lectores jóvenes (y a sus padres) les encantará».

Champ Thornton

Autor de *The Radical Book for Kids*, de *Why Do We Say Good Night? When You Are Afraid of the Dark*, y *Wonders of His Love: Finding Jesus in Isaiah*

Bienvenidos al Mundo de la Biblia

Explora los 66 libros de la Biblia

Escrito por
MIKE NAPPA

Ilustrado por
EMILIANO MIGLIARDO

B&H niños
BRENTWOOD, TENNESSEE

Para Gigi y Cayde, que son simplemente geniales.

M.N

Bienvenidos al mundo de la Biblia

B&H Publishing Group
Brentwood TN, 37027

Título original: Welcome to BibleWorld
© Nappaland Communications Inc. 2022
Publicado por The Good Book Company
www.thegoodbook.co.uk

Dirección artística: André Parker
Diseño de portada: Emiliano Migliardo

ISBN: 978-1-0877-8401-4

Impreso en China
1 2 3 4 5 * 27 26 25 24

¿Estás listo para el Mundo de la Biblia? Ven con nosotros y juntos descubramos lo que sucede cuando nos hacemos la *pregunta*...

«¿Y si la Biblia fuera

un parque temático?»

¿Qué es ESO?

¡Vamos a explorar lo que hay en la Biblia!

¡Guau! Hay nueve formas de explorar la Biblia: cuatro entradas nos llevan al Antiguo Testamento y cinco al Nuevo Testamento, y me pregunto, ¿a dónde deberíamos ir primero?

A medida que explores, trata de descubrir cómo cada atracción coincide con una historia de la Biblia. No te preocupes si no estás seguro, ¡diviértete! Puedes encontrar las respuestas al final del libro, pero ¡inténtalo antes de mirar!

¡Estás en El país de la Ley! La Biblia comienza en una sección llamada Antiguo Testamento donde Moisés es muy popular porque escribió los cinco primeros libros de la Biblia, de Génesis a Deuteronomio, conocidos como la Ley o la Torá, que incluyen historias de los primeros tiempos, así como las guías de Dios para vivir.

El mensaje principal es que Dios nos creó y nos ama profundamente, incluso cuando fallamos. (Y tiene un plan para ayudarnos, ¡a pesar de que fallamos!).

Mira a tu alrededor a ver si encuentras:

- Un ángel secreto, guardando una entrada secreta (Génesis 3 v. 24).
- Un tigre, un gallo y un conejo (Génesis 7 v. 8-10).
- Una zarza ardiente y una lanza rota (Éxodo 3 v. 2, 14 v. 26-27).
- Un turbante elegante (Levítico 8 v. 9).
- ¡Un burro parlante! (Números 22 v. 28).
- Un pergamino (Deuteronomio 31 v. 24-26).

¡Este es el lugar de Los reyes y los héroes!, que en la Biblia son libros que van de Josué a Ester, conocidos como los libros históricos porque nos cuentan lo que ocurrió antiguamente en la nación de Israel.

En este lugar descubrimos que Dios se preocupa por cómo vivimos y por lo que nos ocurre. Fuimos creados para amar y seguir a Dios viviendo bajo el gobierno del rey que eligió.

Aquí también conocemos al rey David, y es importante porque un día Jesús nacerá como parte de su familia.

Mira a tu alrededor a ver si encuentras:

- Siete trompeteros (Josué 6 v. 13) y una piel de oveja empapada (Jueces 6 v. 36-38).
- Una sandalia (Rut 4 v. 7-8), una honda (1 Samuel 17 v. 40) y una corona (2 Samuel 5 v. 3).
- Una hogaza de pan (1 Reyes 17 v. 2-6) y un caballo de fuego (2 Reyes 2 v. 11).
- Un coro de cantores (1 Crónicas 15 v. 16), una bolsa de oro (2 Crónicas 1 v. 12) y un decreto real (Esdras 1 v .1-4).
- Una copa del rey (Nehemías 1 v. 11) y un cetro real (Ester 5 v. 2).

¡Has llegado al Paraíso de los poetas! Es genial. Desde Job hasta Cantar de los Cantares de Salomón son llamados libros de poesía o sabiduría en la Biblia.

Nos hablan de Dios de formas únicas, como letras de canciones, dichos sabios, representaciones dramáticas y cosas así.

Estos libros nos dicen que Dios es INCREÍBLE y sabio. Podemos decirle lo que sentimos, lo que pensamos... ¡lo que sea! Porque le preocupamos.

También muchas de las letras de canciones del libro de los Salmos predijeron que un día Jesús vendría a la tierra por nosotros. ¡Y todo lo que predijeron ocurrió!

Mira a tu alrededor a ver si encuentras:

- Un camello (Job 1 v. 3).
- Un cayado de pastor (Salmo 23 v. 1).
- Manzanas de oro en una bandeja de plata (Proverbios 25 v. 11).
- Un cartel de amor (Cantar de los Cantares 2 v. 4).
- Un pandero (Salmo 150 v. 4).
- Un rubí (Proverbios 31 v. 10).

Este lugar se vuelve un poco salvaje a veces: ¡es El desierto de los profetas! Algunos mensajes importantes que antiguamente Dios le daba a personas especiales llamadas profetas fueron recopilados en libros de la Biblia.

Los más largos, de Isaías a Daniel, se llaman profetas mayores y nos recuerdan que Dios siempre está al mando. Hacer el mal trae problemas, pero no destruye la promesa de que Dios rescatará a Su pueblo. ¡Dios cumple Sus promesas pase lo que pase!

Mira a tu alrededor a ver si encuentras:

- Un águila que se eleva (Isaías 40 v. 31).
- Una olla hirviendo (Jeremías 1 v. 13) y una encrucijada (Jeremías 6 v. 16).
- Cadenas (Lamentaciones 3 v. 7).
- Un corazón de piedra (Ezequiel 36 v. 26).
- Tres leones hambrientos (Daniel 6 v. 16).

Profetas menores

En El desierto de los profetas también hay mensajes más breves que Dios dirigió al pueblo. Se llaman profetas menores, y hay un montón de ellos, desde Oseas hasta el último libro del Antiguo Testamento, Malaquías.

Ellos explicaban que Dios no quiere que seamos crueles o indiferentes. También nos pide que seamos fieles en amarle a Él y a los demás.

Lo mejor de todo es que tanto los profetas mayores como los profetas menores les recordaron nuevamente a todos que Dios seguía teniendo un plan para ayudarnos, incluso en tiempos terribles, a pesar de que fracasamos. ¡El plan de Dios era Jesús!

Mira a tu alrededor a ver si encuentras:

- Un arco roto (Oseas 1 v. 5), una vaca triste (Joel 1 v. 18) y dos personas tomadas de la mano (Amós 3 v. 3).
- Un nido de pájaros entre estrellas (Abdías 1 v. 4) y una planta alta y frondosa (Jonás 4 v. 6).
- Un búho (Miqueas 1 v. 8), carreras de carruajes (Nahúm 2 v. 4) y un venado (Habacuc 3 v. 19).
- Una persona feliz cantando (Sofonías 3 v. 14) y una cesta de granadas (Hageo 2 v. 19).
- Un burro joven (Zacarías 9 v. 9) y comida en mal estado (Malaquías 1 v. 12).

¡Hey! Ahora estamos en el Nuevo Testamento, y eso comienza con El país del evangelio. En la Biblia, los Evangelios nos hablan de cuando Jesús vivió en la Tierra.

Esos cuatro libros llevan el nombre de los seguidores de Jesús que los escribieron: Mateo, Marcos, Lucas y Juan.

Aquí encontramos la buena noticia de que ¡Jesús es el asombroso Hijo de Dios! ¡Él vivió, murió y volvió a la vida! ¡Nos rescata del daño del pecado! ¡Tal como Dios lo planeó!

Mira a tu alrededor a ver si encuentras:

- Una pirámide egipcia (Mateo 2 v. 14) y una red de pescar (Mateo 4 v. 18-20).
- Una lámpara bajo una cesta (Marcos 4 v. 21) y un remo para remar (Marcos 6 v. 48).
- Un pesebre (Lucas 2 v. 7), un asno con la ropa a cuestas (Lucas 19 v. 35) y una cruz (Lucas 23 v. 33).
- Una paloma (Juan 1 v. 32) y el almuerzo de un niño (Juan 6 v. 9).

¡Esta es la gran frontera de la iglesia! Después de los Evangelios en el Nuevo Testamento, solo hay un libro de Historia: Hechos de los Apóstoles o simplemente Hechos para abreviar.

Este libro lo escribió Lucas, el mismo que escribió uno de los Evangelios. En Hechos, nos cuenta cómo Jesús envió Su Espíritu a Sus seguidores.

El Espíritu les dio el valor y el amor necesarios para fundar las primeras iglesias y difundir la noticia de Jesús por todo el mundo. Lucas quería que la gente supiera que Dios actúa constantemente en la vida de Sus seguidores, incluso cuando seguir a Jesús no es fácil.

Mira a tu alrededor a ver si encuentras:

- Una nube (Hechos 1 v. 9) y un bastón abandonado (Hechos 3 v. 6-7).
- Soldados romanos (Hechos 5 v. 26) y un montón de abrigos (Hechos 7 v. 58).
- Un candado abierto (Hechos 12 v. 7).
- Una mujer vestida de púrpura (Hechos 16 v. 14).
- Una tienda (Hechos 18 v. 3) y una fogata (Hechos 28 v. 2).

Mira esto, ¡es La casa de Pablo, un tipo interesante que al principio odiaba a Jesús y Sus seguidores. Luego, ¡BAM! Pablo fue detenido por una luz cegadora en un camino hacia una ciudad llamada Damasco, y Jesús le mostró a Pablo la auténtica verdad.

Después de eso, Pablo se pasó la vida hablando a la gente de Jesús. Algunas de sus cartas se guardaron, y ahora están en el Nuevo Testamento. Esas cartas incluyen desde Romanos a Filemón.

El mensaje principal de Pablo es que Jesús es Dios en forma humana, que él es todo lo que necesitamos para siempre, ¡y que nos ama mucho! Siempre podemos confiar en Jesús, pase lo que pase.

Mira a tu alrededor a ver si encuentras:

- Una espada rota (Romanos 8 v. 35), un címbalo (1 Corintios 13 v. 1) y un saco de semillas (2 Corintios 9 v. 10).
- Una cesta de fruta (Gálatas 5 v. 22-23), una armadura (Efesios 6 v. 11) y un hombre fuerte (Filipenses 4 v. 13).
- Una muchacha orando (Colosenses 4 v. 2), un calendario (1 Tesalonicenses 5 v. 1-2) y un obrero de construcción (2 Tesalonicenses 3 v. 8).
- Un pavo de Acción de Gracias (1 Timoteo 2 v. 1) y una Biblia (2 Timoteo 3 v. 16).
- Un niño con un telescopio (Tito 2 v. 13) y un corazón rojo brillante (Filemón 1 v. 12-13).

La isla del correo

HEBREOS
SANTIAGO
1, 2 Y 3 DE JUAN
1 Y 2 PEDRO
JUDAS

LA CAÍDA DE LOS FALSOS MAESTROS

PEDRO DESAFÍO DE LA RESISTENCIA

CRUCERO DE LA HOSPITALIDAD

La isla del correo, ¡es un lugar muy concurrido! Además de Pablo, otros amigos de Jesús escribieron cartas para animar a los seguidores de Jesús. Esas cartas incluyen desde Hebreos hasta Judas, ¡y aquí es donde podemos encontrarlas! Estas cartas nos muestran cómo el amor de Jesús por nosotros afecta todo lo que decimos y hacemos. Porque Él nos amó primero, ¡podemos amar a los demás!

Mira a tu alrededor a ver si encuentras:

- Un corredor de maratón (Hebreos 12 v. 1).
- Un espejo (Santiago 1 v. 23-24).
- Una botella de leche (1 Pedro 2 v. 2) y un ladrón (2 Pedro 3 v. 10).
- Un reflector (1 Juan 1 v. 7), una carta (2 Juan 1 v. 12), y un estetoscopio de médico (3 Juan 1 v. 2).
- Un árbol desarraigado (Judas 1 v. 12).

Aquí está El fin, Apocalipsis, el último libro del Nuevo Testamento y de la Biblia y fue escrito por el amigo íntimo de Jesús, Juan.

Es un libro fascinante, pero algo difícil de entender porque nos habla de cosas extrañas que ocurrirán durante los últimos días de la Tierra.

Aun así, lo más destacado del Apocalipsis es esta GRAN promesa: un día Jesús volverá y rescatará a todos Sus seguidores. Reconstruirá el mundo a la perfección, ¡y nosotros podremos vivir con Él para siempre! ¡Amén!

Mira a tu alrededor a ver si encuentras:

- Una aldaba (Apocalipsis 3 v. 20).
- El número «666» (Apocalipsis 13 v. 18).
- Un caballo blanco (Apocalipsis 19 v. 11).
- Una llave gigante (Apocalipsis 20 v. 1).
- Un trono (Apocalipsis 21 v. 5).

Vaya, ¿quién iba a decir que había tanto que descubrir en las páginas de la Biblia? Lo mejor de todo es que no necesitamos un parque temático para entrar en la Palabra de Dios, podemos leerla cuando queramos.

Podemos elegir una «entrada» en el Antiguo Testamento o en el Nuevo Testamento, ¡y zambullirnos de lleno!

Ahora... ¿dónde te gustaría empezar a explorar en tu Biblia?

Combina las atracciones

Cada viaje en el *Mundo de la Biblia* coincide con un versículo o una historia de la Biblia. Puedes usar la lista a continuación para conocer más sobre cada uno.

El país de la Ley

Aarón – venta de túnicas (Levítico 8:4-9)
Exploración del Edén - Cerrado hasta nuevo aviso (Génesis 2:8 – 3:24)
Pon la cola al Burro (Números 22:21-35)
Maná en un Palillo (Éxodo 16)
Crucero de Noé (Génesis 6:9 – 9:17)
Expreso de la montaña de Sinaí (Éxodo 19:1-8)

Los reyes y los héroes

¿Eres más fuerte que Sansón? (Judas 14-16)
David – juego de Baile (1 Samuel 6:14-15)
Los carros de fuego de Elías (2 Reyes 2:1-14)
Esdras – regreso aventurero (Esdras 1)
Goliat – tanque de agua (1 Samuel 17)
Montaña rusa Jericó (Josué 6:15-21)
Experiencia en el Río Jordán (Josué 3:9 - 4:24)
Noemí - el musical (Rut 1)
Nehemías muro de escalar (Nehemías 2:11-20)
Castillo de la reina Ester (Ester 2:17-18)
Tobogán de los tesoros de Salomón (1 Reyes 10)

El paraíso de los poetas

Karaoke de Asaf (Salmo 50, 73 - 83)
Caída libre de Job (Job 1:1 – 2:10)
Laberintos proverbiales (Proverbios 3:5-6)
Besos de Salomón (Cantar de los cantares 4)
Feria de la vanidad (Eclesiastés 1:2)

El desierto de los profetas (Profetas mayores)

El cementerio de Ezequiel (Ezequiel 37:1-14)
Los misterios del espejo de Isaías (Isaías 53)
Vueltas y preocupaciones de Jeremías (Jeremías 9:1-11)
Montaña rusa: Lamentación de miedo nocturno (Lamentaciones 1:2)
S-M-A Fantasticismo pirotécnico (Daniel 3)

Profetas menores

Tiendas de campaña de Amós (Amós 1:1)
Parque infantil Aventura Babilónica (Habacuc 1:6-15)
Oseas cuerdas altas (Oseas 1, 3)
Jonás - aventura bajo el mar (Jonás 1 - 2)
Langosta - pizza por rebanada (Joel 1:2-7)
Espadas en arados, taller de Miqueas (Miqueas 4:3-4)
Nínive - gritos en torbellino (Nahúm 2:8-3:7)
La batalla de Abdías (Abdías)
Madera para el Templo (Hageo 1:7-8)
Ventanas de bendición (Malaquías 3:10)
Paseos en burro de Zacarías (Zacarías 9:9)
Sofonías saltos de alegría (Sofonías 3:14-17)